Was ist Reform,
echte Reformation?

Re-formation ist das Wieder-in-Form-Bringen des Menschen oder
der Kirche. Natürlich nicht in einem sportlichen oder körperlichen
Sinne, sondern in Bezug auf Gott.

Martin Luther hatte erkannt: Gott ist absolut heilig und gerecht, und
er, Martin Luther, der sündige Mensch, passt so überhaupt nicht zu
Gott. Er ist von Gott getrennt und steht als Sünder zu Recht unter
Gottes Zorn (klingt unmodern, ist aber historisch richtig!). Die Frage, die
Martin Luther so bewegte und die schließlich zur historischen

Reformation führte, lautete: **Wie bekomme ich einen gnädigen Gott**, der einerseits gerecht ist und bleibt, aber andererseits mich, den Sünder, begnadigt und annimmt, obwohl ich es nicht verdient habe?

Genau darum geht es bei der Reformation:

Wie kann ich annehmbar für Gott werden – in eine Beziehung zu Gott treten?

Wie kann ich vor Gottes gerechtem Gericht gerettet werden und ewiges Leben bekommen?

Die Antworten der Kirche auf diese Fragen waren im Lauf der Jahrhunderte allmählich immer weiter abgewichen von dem, was in der Bibel steht und was Jesus und die Apostel gelehrt haben. Deshalb war die Reformation so dringend nötig: damit die Menschen auf der Suche nach Seelenheil nicht in die Irre geleitet werden, sondern wirklich Sündenvergebung, Gemeinschaft mit Gott und ewiges Leben finden. Die Kirche versprach ihnen das zwar, aber sie konnte es ihnen nicht geben – auch nicht gegen Geld für Ablassbriefe. Daher ging es bei der Reformation buchstäblich um Leben und Tod – um **ewiges Leben oder ewigen Tod**. Um nicht mehr und nicht weniger.

Echte Reformation ist nichts weniger als Lebensrettung – die Rettung zum ewigen Leben. Bei Reformation geht es nicht um eine Verbesserung der Welt, um mehr Verständnis zwischen den Menschen oder um mehr soziales Engagement der Kirchen. All das können Nebenprodukte echter Reformation sein, aber ohne echte Reformation – ohne „Wieder-in-Form-Kommen" in Bezug auf Gott – sind diese äußerlichen Änderungen nicht nur unmöglich, sondern auch unsinnig.

Luther und die anderen Reformatoren erkannten aus der Bibel **fünf zentrale Leitlinien**, die zum Motto der Reformation wurden:

Allein die Bibel/Heilige Schrift
  sola scriptura

Allein durch Jesus Christus
  solus Christus

Allein durch Glauben
  sola fide

Allein aus Gnade
  sola gratia

Allein zur Ehre Gottes
  soli Deo gloria

Diese Leitlinien sind Antworten auf ganz zentrale Fragen: Wie findet man den Sinn des Lebens, den Weg zu Gott und zu ewigem Leben mit ihm? Ziel dieses Heftes ist: Der Leser soll diese sogenannten „5 Solas der Reformation" kennen, historisch verstehen und persönlich auf sich und seinen geistlichen Zustand anwenden.

1. Allein die Schrift

Dieser erste Leitsatz ist Luthers Antwort auf die Frage: **Woher kann ich etwas von Gott wissen?** Wie kann ich ihn erkennen und sicher sein, wie er ist und was er von mir will? Kurz: Es ist die Frage nach der Offenbarung Gottes. Zu Luthers Zeit bejahte die Kirche, dass Gott sich durch die Bibel mitteilt (offenbart). Sie wurde den Schreibern ja von Gott durch den Heiligen Geist eingegeben (nicht als „Diktat", sondern unter voller Beteiligung der Persönlichkeit der biblischen Autoren).

Aber neben der Bibel hatten in der Kirche noch andere angebliche Offenbarungen Gottes immer mehr Bedeutung bekommen: die Tradition (die mündliche Überlieferung) und die Lehre des Papstes und der Konzilien. Diese widersprachen aber oft der Bibel. Zum Beispiel lehrt die Bibel nirgends ein Fegefeuer, den Ablass (Vergebung durch Leistung), den unfehlbaren Papst, den Zölibat oder die Marienverehrung. Diese römisch-katholischen Sonderlehren entstammen der Tradition und den päpstlichen Dogmen. Luther erkannte, dass die Bibel, das Wort Gottes, die höchste Autorität über alle kirchlichen Lehren hat und die einzige zuverlässige Offenbarung Gottes ist.

Und heute? Eine **Rückkehr zur Bibel** ist – auch und gerade in der Christenheit – nötiger denn je zuvor. Kein anderes Buch wurde so sehr bekämpft und als unglaubwürdig hingestellt wie dieser Weltbestseller, das Wort Gottes – und das sogar in den eigenen Reihen. Hier fehlt der Platz, um die schier endlosen Argumente für die Zuverlässigkeit und die vielen einzigartigen Vorzüge und Fähigkeiten der Bibel vorzustellen. Informiere dich darüber (am Ende des Heftes

findest du Literaturhinweise) und vor allem: **Lies selbst die Bibel!** Bist du christlich oder am Christentum interessiert und hast die Bibel noch nicht gelesen? Dann wird es höchste Zeit.

Worauf verlässt man sich heute, um etwas über Gott zu erfahren? Oft immer noch auf die Kirche und ihre der Bibel widersprechende Tradition. Andere verlassen sich auf ihr Bauchgefühl, auf vage Vorstellungen und Meinungen, auf Träume und Visionen, auf die Wissenschaft (doch die Wissenschaft von heute ist oft der Irrtum von morgen) und auf alles Mögliche, das viel weniger vertrauenswürdig ist als Gottes Wort. Wenn du die Bibel liest, wirst du feststellen:

Allein die Bibel offenbart Gott kraftvoll, unverfälscht und zuverlässig. Wenn es um die Frage nach Leben oder Tod geht, sollten wir uns nicht auf unzuverlässige Informationen verlassen! Das wäre ein tödlicher Fehler. Die Antwort auf die Frage: „Wo erfahre ich von Gott und wie ich gerettet und ewiges Leben bekommen kann?", lautet – wie die Reformation es bezeugte: Allein in der Schrift – in der Bibel! Nur auf sie trifft zu: „Die ganze Schrift ist von Gott eingegeben und nützlich zur Lehre, zur Ermahnung, zur Korrektur, zur Erziehung in der Gerechtigkeit, damit der Mensch Gottes vollkommen sei, zu jedem guten Werk geschickt" (2. Timotheus 3,16-17).

2. Allein durch Jesus

Im Christentum geht es um eine Person: um Jesus Christus. Die Bibel sagt über ihn: „Er ist der wahrhaftige Gott und das ewige Leben" (1. Johannesbrief 5,20). Und er selbst sagt von sich: „Ich bin der Weg, die Wahrheit und das Leben. **Niemand kommt zum Vater als nur durch mich**" (Johannes 14,6). Gott wurde in seinem Sohn Jesus Christus Mensch und ging auf uns verlorene Sünder zu, um uns zu retten. Jesus ist der perfekte Mittler zu Gott: Man kann sich direkt an ihn wenden, um von ihm Hilfe und Heil zu bekommen, denn er selbst sagte: „... wer zu mir kommt, den stoße ich nicht hinaus" (Johannes 6,37), und: „Kommt her zu mir, alle ihr Mühseligen und Beladenen" (Matthäus 11,28).

Zur Zeit Luthers waren viele andere Personen und Dinge an die Stelle Jesu getreten. Luther kritisierte vor allem den Papst, der von sich behauptete, an Christi Stelle zu stehen und Autorität über die Seelen und Schicksale der Menschen zu haben. Luther warf der Kirche auch vor, dass sie selbst sich als Mittlerin zu Gott ausgab und dass sie lehrte, ihre Sakramente seien die einzigen Wege zu Gott. Doch Papst, Sakramente, Kirche und Priester waren – der Bibel zufolge – eher Hindernisse als Hilfen, um zu Gott zu finden. Und Maria und die Heiligen – das waren sicherlich vorbildliche Gläubige, aber auch sie waren letztlich nur Menschen, die selber die Gnade Gottes brauchten. Wer kann mich von Sünden erlösen und mit Gott versöhnen? „Allein Jesus" ist die Antwort der Bibel auf diese wichtigste aller Fragen.

Sein Erlösungswerk vollbrachte Jesus, als er am Kreuz starb. Dort trug er stellvertretend die Sündenstrafe für alle, die an ihn glauben. Diese stellvertretende Sühne ist vor Gott gültig, weil Jesus selbst sündlos und Gottes Sohn ist. Sein vergossenes Blut hat den allerhöchsten Wert, und dadurch können unzählige Menschen von ihrer Schuld erlöst werden. Und zwar nur dadurch. Dass Luther diese stellvertretende Sühnung in der Bibel wiederentdeckte (besonders im Römer- und Galaterbrief), war einer der entscheidenden Faktoren der Reformation – wenn nicht der entscheidende Faktor überhaupt. Denn das ist im Kern „das Evangelium ...: dass Christus für unsere Sünden gestorben ist nach den Schriften ... und auferweckt worden ist" (1. Korinther 15,1-4).

Und heute? Wenn „allein die Schrift" gilt, dann bedeutet „allein Jesus" auch „allein der Jesus der Bibel" – und kein „anderer Jesus" (2. Korinther 11,4). Damals wie heute werden viele falsche Jesusse verkündet: ein rein sozial engagierter Jesus, ein fernöstlich angehauchter Jesus; ein Jesus, der in Visionen erscheint; Jesus als Kirche oder Sakramente, ein Jesus, der weder Gott noch Gottes Sohn ist (wie der Islam lehrt) usw. Doch nur der Jesus, der Gottes Sohn ist, am Kreuz für die Sünden starb und wieder auferstand, ist der wahre Jesus der Bibel.

Wovon und von wem versprichst du dir Glück und ein erfülltes Leben? Wenn es etwas anderes als dieser Jesus ist, dann ist es ein Götze (dein Kapital, dein Körper, deine Karriere ...). Wovon und von wem versprichst du dir inneren Frieden und seelische Erfüllung? Von bestimmten Predigern, Autoren, Musikern, Gurus, Heiligen, Stars –

Priestern der Kirche oder Priestern des Lifestyles? Niemand davon ist am Kreuz für dich gestorben und auferstanden. Und unser Ich ist oft unser größter Götze, der aber rein gar nichts zu unserer Erlösung beitragen kann (darauf kommen wir noch bei „allein durch Glauben").

Luther brachte es in der Vorrede seiner Thesensammlung auf den Punkt: „In Summa: Wir sind nichts, **Christus allein ist alles.**"

Allein Jesus – der am Kreuz dafür starb – kann dir Vergebung deiner Sünden geben; er allein kann dich mit Gott versöhnen und dir sowohl inneren Frieden und Freude in Fülle geben als auch ewiges Leben bei ihm.

3. Allein durch Glauben

Was kann ich tun, um erlöst zu werden? Alle nichtchristlichen Religionen bieten Anleitungen, Regeln und Rituale, die man ausüben kann, um spirituellen Segen zu erfahren.

Im christlichen Glauben ist es grundsätzlich anders: Gott ist der Handelnde; Jesus ist der Retter. Der Mensch rettet sich nicht selbst, sondern er wird gerettet – allein durch Jesus. Als Sünder kann er sich nämlich ebenso wenig selbst aus der Misere ziehen wie ein Toter sich selbst wiederbeleben kann. Der Dreck der Sünde klebt an unseren Händen, und alles, was wir aus eigener Kraft anfassen, kann nichts für Gott Wohlgefälliges werden.

sola fide

Das ist die nüchterne Tatsache, die Luther aus der Bibel wieder-entdeckte. Luther fragte sich: „Was kann ich tun, um gerechtfertigt zu werden?" Seine Antwort lautete: **keine eigenen Werke**, sondern einzig und allein glauben! Die Schlüsselstellen dazu fand er im Römerbrief: „So halten wir nun dafür, dass der Mensch gerecht werde ohne des Gesetzes Werke, allein durch den Glauben" (3,23), und dass Gott „den rechtfertigt, der Glauben an Jesus hat" (3,26).

Aber was ist Glauben? Zu Luthers Zeit verstand die Kirche unter Glauben das Praktizieren der Sakramente und die Treue zur Kirche und ihrer Lehre. Und in der Vorstellung der Volksfrömmigkeit wurde – und wird auch heute oft noch – Glaube vor allem aufgefasst als das subjektive Gefühl der eigenen Frömmigkeit: Ich fühle mich gläubig, weil ich Weihrauch rieche, vor einem Bildnis knie, Almosen spende, faste oder das Vaterunser spreche. Oder weil sich in der Kirche oder bei einem Konzert ein heiliges Hochgefühl einstellt.

Luther erkannte, dass diese subjektiven Erlebnisse und magischen Sakramentsrituale nicht das sind, was die Bibel mit Glauben meint. Glauben steht in der Bibel im Gegensatz zu „Schauen" und Erfahren; Glauben ist also eine Gewissheit nicht aufgrund von Erfahrung, sondern aufgrund von Information (z. B. einer Nachricht).

Glauben ist zudem kein eigener Beitrag, sondern ist grundsätzlich von uns selbst weggerichtet. Wenn ich in ein Flugzeug steige, glaube ich, dass der Pilot fliegen kann. Ich vertraue ihm – sogar so weit, dass mein Leben von ihm abhängt. Ich verlasse mich auf ihn, und zwar im buchstäblichen Sinn des Ausdrucks „mich verlassen". Mein Leben liegt nicht mehr in meiner eigenen Hand.

Das meint die Bibel mit Glauben: Ich verlasse mich auf Jesus, dass seine Sühnung für die Sünden mich rechtfertigt und rettet. Als „Pilot meines Lebens" wird er mich sicher in den Himmel bringen. Ich verlasse mich auf die Bibel, dass alle ihre Aussagen und ihre Verheißungen, was Jesus für mich tut und ist, zuverlässig sind. Meine Sicherheit hängt dann nicht von meinen subjektiven Gefühlen ab – ob ich Gottes Gegenwart spüre oder nicht –, sondern: Sie hängt von etwas ab, das vor 2000 Jahren am Kreuz auf Golgatha geschah und das die Bibel mir als objektive Tatsache bezeugt: dass Jesus an Stelle von Sündern starb, um sie zu erlösen.

Glauben ist das Annehmen und Akzeptieren von Gottes Botschaft, der Bibel. Zu dieser Botschaft gehört auch, dass wir von Natur verdorbene und rebellische Sünder sind, die zu Gott umkehren müssen. Diese Umkehr nennt die Bibel **Buße**, und um Buße geht es in Luthers erster seiner 95 Thesen, die sich gegen die katholische Buß- und Ablasslehre richtet: „Da unser Herr und Meister Jesus Christus spricht ‚Tut Buße' usw. (Matthäus 4,17), hat er gewollt, dass das ganze Leben der Gläubigen Buße sein soll." Eine solche bußfertige Gesinnung ist ein Erkennungszeichen echten biblischen Glaubens.

Der Glaube kommt aus dem Hören von Gottes Wort (Römer 10,8). Ohne Bibel kein Glaube. Deshalb rief Luther auf: „Christus soll und muss so gepredigt werden, dass mir und dir der Glaube daraus erwachse und erhalten werde. Dieser Glaube wächst und wird erhalten, wenn mir gesagt wird, warum Christus gekommen ist, wie man seiner gebrauchen und genießen soll und was er mir gebracht und gegeben hat" (Von der Freiheit eines Christenmenschen, 18).

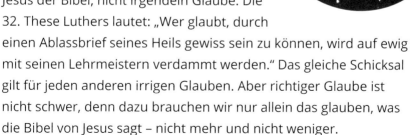

Rettender Glaube ist Glaube an den Jesus der Bibel, nicht irgendein Glaube. Die 32. These Luthers lautet: „Wer glaubt, durch einen Ablassbrief seines Heils gewiss sein zu können, wird auf ewig mit seinen Lehrmeistern verdammt werden." Das gleiche Schicksal gilt für jeden anderen irrigen Glauben. Aber richtiger Glaube ist nicht schwer, denn dazu brauchen wir nur allein das glauben, was die Bibel von Jesus sagt – nicht mehr und nicht weniger.

4. Allein aus Gnade

Die Begriffe *Buße* und *Glauben* sind heute missverständlich: Buße wird im Sinne einer Leistung wie „Bußgeld" verstanden, obwohl in der Bibel damit die Herzenshaltung der Umkehr gemeint ist. Und Glauben wird als etwas Vages aufgefasst, wie eine Vermutung, statt als die Gewissheit, die die Bibel unter Glauben versteht. Den Begriff *Gnade* jedoch verstehen wir heute noch sehr gut, weil wir diesen Begriff aus dem Rechtswesen kennen: Gnade ist, wenn ein Richter einen angeklagten Übeltäter begnadigt, obwohl er Strafe verdient hätte. Gnade ist unverdiente Gunst. Gott ist der höchste Richter, und es ist wunderbar, dass dieser richtende Gott auch ein gnädiger Gott ist – ein Gott, der gegenüber Sündern – seinen Feinden – wohlgesonnen sein kann.

Zur Zeit Luthers verstand die Kirche jedoch unter Gnade etwas anderes, und zwar in zweierlei Hinsicht: Erstens hatte sie die Vorstellung, dass die Gnade nicht eine Haltung Gottes ist, sondern eine Art Substanz, die dem Menschen eingeflößt wird. Und zweitens könne der Mensch sich diese innere Gnade eben durch Sakramente und gute Werke aneignen, also selbst verdienen. Luther erkannte, dass die Kirche hierin sehr irrte und dass es ein Widerspruch in sich selbst ist, wenn Gnade verdient werden kann. **Gnade ist per Definition unverdient.** Luther leuchtete das besonders aus Römer 3,24 ein, wo es heißt: An Jesus gläubige Sünder „werden ohne Verdienst gerecht aus seiner Gnade durch die Erlösung, die durch Christus Jesus geschehen ist". Und Römer 11,6 sagt: „Ist es aber aus Gnade, dann nicht aufgrund von Werken, sonst wäre Gnade nicht Gnade."

Daher ist klar: Sündenvergebung, Gemeinschaft mit Gott und ewiges Leben können wir nur „allein aus Gnade" bekommen ohne jedes Zutun von uns: ohne Werke, Leistungen oder Bedingungen, die wir tun oder erfüllen. Wenn die Erlösung irgendwie auch nur ein wenig von uns selbst abhinge, wäre sie nicht nur unsicher, sondern unmöglich. Denn seit Adams Sündenfall sind wir durch und durch verdorben und kraftlos im Hinblick auf Gott.

So verurteilen Luthers „Schmalkaldische Artikel" ganz klar die römisch-katholischen Irrtümer, dass „1. der Mensch nicht völlig

sola gratia

verdorben sei", „2. einen freien Willen zum Guten habe" und (...)
„5. wenn der Mensch Gutes tut, Gott ihm seine Gnade gäbe" (Schmalkaldische Artikel III. 1). Und in seinem berühmten Werk „Vom unfreien
Willen" schreibt Luther: „Denn bei jedem [eigenen] Werk bliebe
immer der beunruhigende Zweifel, ob es Gott
gefalle oder ob er noch mehr fordere, wie
es die Erfahrung aller Werkgerechten
beweist und wie ich es zu meinem gro-
ßen Leidwesen so viele Jahre hindurch
zur Genüge gelernt habe. Doch da
jetzt Gott mein Heil meinem Willen
entzogen und in seinen Willen aufge-
nommen hat und nicht durch mein Werk
oder Laufen, sondern durch seine Gnade

und Barmherzigkeit mich zu erhalten verheißen hat, bin ich getrost und gewiss, dass er treu ist ... und mächtig [mich zu erlösen]" (Vom unfreien Willen, WA 18, 783).

Wer meint, doch mindestens ein bisschen gut und somit nicht allein auf Gottes Gnade angewiesen zu sein, ist in Wirklichkeit ein irrender Heuchler. Jesus macht das deutlich in seinem Gleichnis vom Pharisäer und Zöllner: Beide beten im Tempel; der Pharisäer brüstet sich: „Ich danke dir, Gott, dass ich nicht so bin wie dieser Zöllner. Ich faste und spende usw." Der Zöllner hingegen steht ganz hinten, wagt nicht aufzublicken und spricht: „Gott sei mir, dem Sünder, gnädig." Jesus sagt über ihn: „Dieser ging gerechtfertigt nach Hause" (Lukas 18,14). Der Pharisäer hingegen erlag einer fatalen Fehleinschätzung seiner eigenen Fähigkeit und Würde.

Heute hat die Christenheit ein riesiges Problem mit dieser Fehleinschätzung: Die Kirche lehrt, der Mensch müsse besonders viel Selbstliebe haben, Selbstachtung, ein hohes Selbstwertgefühl und selbstbestimmend sein. Schließlich wurde unsere Kultur von vielen Jahrhunderten des Fortschritts geprägt und wir sind stolz auf unsere Errungenschaften. Wir können nicht nur zum Mond fliegen, sondern meinen auch, Probleme wie Kriege, Kriminalität und Umweltzerstörung in den Griff zu bekommen. Aber ein Blick auf die Lage der Welt zeigt: Der Mensch hat sich durch Fortschritt keineswegs verbessert und zu Höherem aufgeschwungen. Er hat keinerlei Grund, sich stolz, selbstsicher und unabhängig von Gott zu fühlen. Wir können weder uns noch die Welt retten – es wird immer schlimmer. Aber Gott kann in seiner Gnade Rettung geben – durch Jesus Christus.

Und wir selbst können nichts zu unserem Heil beitragen – noch nicht einmal aus eigener Kraft glauben oder uns für Gott entscheiden. Denn auch echter Glaube an Jesus ist eine Gnadengabe von Gott, wie Paulus den Christen aus Ephesus erklärte: „Denn aus Gnade seid ihr gerettet durch Glauben, und das nicht aus euch: Gottes Gabe ist es, nicht aus Werken, damit niemand sich rühme" (Epheser 2,8-9). Die rettende Rechtfertigung ist allein aus Gnade (auf Seiten Gottes) und allein durch Glauben (auf Seiten des Menschen), aber auch dieser Glaube ist ein persönliches Geschenk Gottes, das er in seiner Souveränität gibt oder nicht gibt. Wir sind von seiner Gnade völlig abhängig. Und das ist die beste Abhängigkeit, die es gibt.

soli
Deo gloria

5. Allein zur Ehre Gottes

Das führt uns zum letzten unserer 5 reformatorischen Grundsätze: Wenn alles, und besonders unsere Rettung, einzig und allein an Gottes Gnade liegt, dann gehört die ganze Ehre allein Gott. Gott hat den Menschen ursprünglich nach seinem Bild geschaffen, damit der Mensch Gott repräsentiert und seine Herrlichkeit auf der ganzen Welt verbreitet. Durch die Sünde hat der Mensch diese erhabene Aufgabe kläglich vermasselt, aber durch die Erlösung wird der Gläubige wieder mit dieser hohen Aufgabe betraut: „Ob ihr nun esst oder trinkt oder was ihr auch tut, das tut alles zu Gottes Ehre" (1. Korinther 10,31). Von Natur aus tun wir genau das Gegenteil: alles zu unserer eigenen Ehre und zu unserem eigenen Wohl.

Die Tatsache, dass wir von der Gnade Gottes abhängig sind, macht uns nicht stolz, sondern demütig. Eine solche Demütigung mögen wir eigentlich nicht. Wir wollen unabhängig sein. Aber wir müssen wie der Zöllner im Tempel einsehen, dass wir als Sünder allen Grund zur Demut haben und Gottes Gnade brauchen. Wenn wir stolz wie der Pharisäer sind, sind wir auf dem falschen Weg. Doch genau diesen Stolz und Prunk praktizierte die Kirche nicht nur zu Luthers Zeit (denken wir an den Papst und seinen Prachtbau in Rom), sondern heute erst recht: Schaut euch um auf dem Kirchentag, in kirchlichen Medien, im kirchlichen Leben: Der Mensch steht im Mittelpunkt, wird gepriesen und feiert sich selbst. Wo ist Jesus in der Kirche? Eine Randfigur? Und in deinem Leben – worum geht es dir? Glaubst du an Jesus, den wahren „Gott, gepriesen in Ewigkeit" (Römer 9,5)? **Er ist der einzige Erlöser und Herr.** Ihm allein gebührt alle Ehre.

Was bleibt uns dann zu tun? 1.) Wir müssen einsehen: Wir halten zu viel von uns und zu wenig von Gott. So dachte auch der Pharisäer. Wenn wir unsere Leistung (oder unseren Charakter) zu hoch einschätzen und Gottes Gnade zu niedrig, nehmen wir uns, was Gott gehört, nämlich seine Ehre. Das ist Diebstahl an Gott.

2.) Wir müssen Gott fürchten: „Nahe ist sein Heil denen, die ihn fürchten" (Psalm 85,10). Nicht jeder Richter begnadigt einfach jeden Straftäter, sondern eine Begnadigung ist stets eine Ausnahme. So ist auch Gottes Gnade keinesfalls selbstverständlich, sondern etwas ganz Besonderes, das mit Furcht erfleht werden sollte.

3.) Wir müssen aufhören, auf uns und unsere vermeintlichen Qualitäten zu vertrauen, und stattdessen Gott erkennen: „Seid still und erkennt, dass ich Gott bin!" (Psalm 46,11). Gott hat durch Jesus die Erlösung vollbracht und ihn erhöht, damit sich „im Namen Jesu jedes Knie beuge ... und alle Zungen bekennen, dass Jesus Christus der HERR ist, zur Ehre Gottes, des Vaters" (Philipper 2,10-11). „Denn von ihm und durch ihn und zu ihm sind alle Dinge." (Römer 11,26)

Jeder Mensch ist von Natur aus ein „deformierter" Sünder und hat echte, persönliche Reformation nötig: Wieder in Form zu kommen in Bezug auf Gott – um seine Bestimmung auszuleben: Gott zu ehren. Eine solche Reformation – diese Umkehr und Rettung – kann allein anhand der Bibel geschehen, allein durch Glauben, allein aus Gnade, allein durch Jesus Christus! So kam einst die Lehre der Kirche wieder auf Kurs, und auch du kannst nur so zu Gott finden!